Direction de la publication : **Isabelle Jeuge-Maynart et Ghislaine Stora**
Direction éditoriale : **Delphine Blétry et Catherine Maillet**
Édition : **Coralie Benoit**
Direction artistique : **Emmanuel Chaspoul, assisté d'Anna Bardon**
Informatique éditoriale : **Philippe Cazabet**
Lecture-correction : **Chantal Pagès**
Couverture : **Véronique Laporte**
Fabrication : **Annie Botrel**

Cet ouvrage a été réalisé avec l'aimable autorisation de Kraft Foods.

ISBN 978-2-03-588963-8

LES MINI LAROUSSE

VÉRITABLE PETIT BEURRE LU® & SPÉCULOOS BASTOGNE®

Les meilleures recettes

Valéry Drouet
Photographies de Pierre-Louis Viel

LAROUSSE
21 rue du Montparnasse 75283 Paris Cedex 06

Sommaire

Petits biscuits à croquer…

Véritable Petit Beurre LU® et spéculoos Bastogne® : ces biscuits nous régalent depuis plusieurs générations, nos grand-mères les utilisaient déjà ! Leur saveur unique, leur facilité d'utilisation permettent la réalisation d'une multitude de desserts aussi délicieux les uns que les autres.
Vous aimez le goût inimitable du spéculoos Bastogne® au parfum de cannelle légèrement caramélisé ? Le Véritable Petit Beurre LU®, ce biscuit à la fois craquant et fondant, vous séduit ? Découvrez ces recettes inédites qui leur rendent hommage.
Comment les utiliser ? Dans ces recettes, les biscuits sont soit employés entiers, soit, le plus souvent, concassés ou réduits en poudre avant d'être manipulés.

Les Véritable Petit Beurre LU® et spéculoos Bastogne® : des biscuits classiques qui feront toujours des desserts originaux !

Sablés de petits-beurre au citron

POUR 20 SABLÉS ENVIRON

PRÉPARATION : 20 min
RÉFRIGÉRATION : 3 h
CUISSON : 15 min

- > 10 Véritable Petit Beurre LU®
- > 3 citrons bio
- > 150 g de beurre mou
- > 150 g de sucre glace
- > 220 g de farine
- > 1 œuf + 1 jaune

1. Placez les petits-beurre dans un sac congélation. Écrasez-les avec un rouleau pour les réduire en poudre.
2. Brossez les citrons, prélevez leur zeste et hachez-les. Mélangez le beurre mou dans un grand récipient avec le sucre glace. Ajoutez la farine, la poudre de petits-beurre, les zestes de citron, puis l'œuf entier et le jaune.
3. Travaillez la pâte pour la rendre homogène. Formez une boule, enveloppez-la dans du film alimentaire, laissez-la reposer 3 h au frais.
4. Préchauffez le four à 200 °C (therm. 6-7). Sortez la pâte, étalez-la sur un plan de travail fariné, sur 3 ou 4 mm d'épaisseur. Taillez des ronds de 5 cm de diamètre à l'aide d'un emporte-pièce. Déposez les sablés sur une plaque de four recouverte de papier sulfurisé. Mettez les sablés à cuire 12 à 15 min au four.
5. Sortez les sablés du four, laissez-les refroidir.

CONSEIL : Conservez les sablés dans une boîte hermétique, au sec.

Fondant de petits-beurre et caramel, façon cheesecake

POUR 4 PERSONNES

PRÉPARATION : 20 min
RÉFRIGÉRATION : 4 h
CUISSON : 15 min

> **110 g de Véritable Petit Beurre LU®**
> **120 g de beurre**
> **400 g de lait concentré sucré en boîte**
> **40 g de chocolat noir ou au lait**

1. Mettez les petits-beurre dans un sac congélation. Écrasez-les avec un rouleau pour les réduire en poudre.
2. Faites fondre 80 g de beurre dans une casserole. Mélangez les biscuits et le beurre fondu dans un récipient.
3. Recouvrez une plaque de four de papier sulfurisé. Déposez dessus un cadre de pâtisserie en Inox de 15 x 20 cm ou un moule rectangulaire à fond amovible. Étalez le mélange beurre et biscuits dans le fond, en tassant bien. Placez le biscuit 1 h au frais.
4. Mettez le lait concentré dans une casserole avec le beurre restant. Faites cuire le tout 10 à 15 min environ sur feu moyen, en remuant sans cesse avec un fouet pour obtenir un caramel légèrement brun. Versez le caramel sur le biscuit durci, replacez le tout 2 ou 3 h au frais.
5. Sortez le fondant, découpez-le en bandes de 2 cm de large. Faites fondre le chocolat au micro-ondes, nappez-en le fondant. À déguster avec une crème anglaise !

Tarte aux petits-beurre et crème aux fraises

POUR 4 PERSONNES

PRÉPARATION : 45 min
RÉFRIGÉRATION : 3 h

> 130 g de Véritable Petit Beurre LU®
> 150 g de beurre
> 250 g de fraises
> 10 cl de crème liquide
> 40 g de sucre glace

1. Mettez les petits-beurre dans un sac congélation. Écrasez-les avec un rouleau pour les réduire en poudre fine. Faites fondre 100 g de beurre dans une casserole. Mélangez le beurre fondu et les petits-beurre dans un récipient.
2. Recouvrez le fond d'un moule à tarte avec du papier sulfurisé, puis tapissez le moule avec la préparation beurre et biscuits en tassant bien. Placez 2 h au frais.
3. Lavez, équeutez, puis mixez 140 g de fraises pour obtenir un coulis. Faites tiédir celui-ci dans une casserole. Montez la crème en chantilly bien ferme. Dans un récipient, mélangez 50 g de beurre mou avec le sucre glace. Incorporez le coulis au fur et à mesure en fouettant, laissez refroidir 15 min au frais, puis incorporez la crème fouettée. Placez la crème 1 h au frais.
4. Démoulez délicatement le fond de tarte. Déposez-le sur un plat. Garnissez-le de crème, puis décorez la tarte avec le reste de fraises coupées en morceaux.

Brownie aux éclats de petits-beurre et aux noix

POUR 4 PERSONNES

PRÉPARATION : 20 min
CUISSON : 20 min

- > 110 g de cerneaux de noix
- > 100 g de Véritable Petit Beurre LU®
- > 180 g de chocolat noir
- > 160 g de beurre + 10 g pour le moule
- > 3 œufs
- > 220 g de sucre en poudre
- > 125 g de farine

1. Préchauffez le four à 180 °C (therm. 6). Hachez grossièrement les cerneaux de noix et écrasez les petits-beurre.
2. Coupez le chocolat et le beurre en morceaux et mettez-les à fondre dans un récipient au micro-ondes ou au bain-marie. Dans un autre récipient, battez les œufs avec le sucre et ajoutez la farine. Mélangez, puis ajoutez le beurre et le chocolat fondus.
3. Incorporez les cerneaux de noix et les petits-beurre écrasés. Beurrez un moule de 25 x 25 cm environ sur 3 cm de haut et versez-y la préparation.
4. Mettez le brownie à cuire pendant 20 min. Laissez-le ensuite refroidir avant de le couper en carrés.

POUR SERVIR : **Vous pouvez accompagner ce brownie de crème fraîche ou de crème anglaise.**

Charlotte aux petits-beurre et caramel

POUR 4 PERSONNES

PRÉPARATION : 30 min
RÉFRIGÉRATION : 4 h

> 2 feuilles de gélatine
> 20 Véritable Petit Beurre LU®
> 20 cl de crème liquide entière bien froide
> 200 g de caramel laitier en pot (type Salidou)

1. Mettez la gélatine à tremper dans un bol d'eau froide.
2. Sur une assiette, déposez un cercle de pâtisserie en Inox, de 20 cm de diamètre et 10 cm de haut. Recouvrez le tour avec une douzaine de petits-beurre, écrasez-en grossièrement 4, mettez-les dans le fond.
3. Fouettez la crème en chantilly bien ferme. Chauffez doucement le caramel laitier dans une casserole, sans le faire bouillir. Quand il est chaud, ajoutez les feuilles de gélatine égouttées, mélangez, puis laissez refroidir. Incorporez délicatement le caramel dans la crème fouettée. Versez la moitié de la préparation dans le moule.
4. Écrasez le reste de petits-beurre sur le dessus, puis versez la seconde moitié de crème au caramel. Lissez la surface.
5. Placez la charlotte au moins 4 h au frais. Sortez la charlotte, retirez délicatement le cercle en Inox.

Pudding vanillé aux petits-beurre

POUR 4 PERSONNES

PRÉPARATION : 40 min
CUISSON : 35 min

> 2 œufs
> 120 g de sucre en poudre
> 1 gousse de vanille
> 50 cl de lait
> 10 g de beurre
> 150 g de Véritable Petit Beurre LU®
> 1 c. à soupe de sucre glace

1. Battez les œufs entiers avec le sucre dans un récipient. Ajoutez l'intérieur de la gousse de vanille, puis le lait. Mélangez.
2. Beurrez une terrine ou un moule de 20 x 15 cm. Répartissez les petits-beurre dedans, puis versez la préparation par-dessus.
3. Laissez les biscuits s'imbiber pendant 30 min.
4. Préchauffez le four à 180 °C (therm. 6), puis mettez le pudding à cuire 30 à 35 min.
5. Sortez le pudding du four, saupoudrez-le de sucre glace.

CONSEIL : Laissez refroidir le pudding avant de déguster.

Mousses à l'orange et petits-beurre en verrines

POUR 4 PERSONNES

PRÉPARATION : 30 min
RÉFRIGÉRATION : 4 h

- > **2 feuilles de gélatine**
- > **12 Véritable Petit Beurre LU®**
- > **25 cl de jus d'orange frais**
- > **75 g de sucre en poudre**
- > **25 cl de crème liquide**

1. Mettez la gélatine à ramollir dans un bol d'eau froide. Concassez grossièrement les petits-beurre.
2. Dans une casserole, faites chauffer, sans laisser bouillir, le jus d'orange avec le sucre en poudre. Ajoutez la gélatine ramollie et égouttée, mélangez, puis laissez refroidir à température ambiante.
3. Fouettez la crème en chantilly bien ferme. Incorporez délicatement le jus d'orange refroidi dans la crème fouettée.
4. Répartissez la moitié des petits-beurre écrasés dans le fond de 4 grands verres. Versez la moitié de la mousse à l'orange, le reste des miettes de petits-beurre, puis la mousse. Placez les mousses au moins 4 h au frais.
5. Sortez les mousses 10 min avant de les servir.

POUR SERVIR : Décorez les mousses avec des quartiers d'orange, des zestes et des petits-beurre.

Sabayon de poires et caramel de petits-beurre

POUR 4 PERSONNES

PRÉPARATION : 30 min
CUISSON : 35 min

> 6 Véritable Petit Beurre LU®
> 150 g de sucre en poudre
> 5 cl de crème liquide
> 4 petites poires
> 30 g de beurre
> 3 jaunes d'œufs
> 2 c. à soupe d'alcool de poire

1. Écrasez les petits-beurre. Dans une casserole, faites cuire 8 à 10 min 60 g de sucre avec 3 cuillerées à soupe d'eau, pour obtenir un caramel. Hors du feu, ajoutez la crème et les biscuits. Mélangez et versez le caramel sur du papier sulfurisé, en l'étalant légèrement. Laissez refroidir.
2. Préchauffez le four à 180 °C (therm. 6). Épluchez les poires et coupez-les en deux. Dans une poêle, faites-les dorer 3 min avec le beurre. Saupoudrez-les de 40 g de sucre, laissez-les caraméliser, puis déposez-les dans un plat. Mettez les poires à cuire 10 à 15 min au four.
3. Pendant ce temps, dans une casserole, mélangez les jaunes d'œufs avec 50 g de sucre, l'alcool et 2 c. à soupe d'eau. Faites cuire 8 à 10 min sur feu très doux, en fouettant.
4. Sortez les poires du four, répartissez-les dans des assiettes. Allumez le gril du four. Nappez les poires de sabayon, faites-les gratiner 3 min. Coupez le caramel de petits-beurre en morceaux et servez avec les poires.

Bananes rôties aux petits-beurre et pistaches

POUR 4 PERSONNES

PRÉPARATION : 20 min
CUISSON : 30 min

- 6 Véritable Petiat Beurre LU®
- 25 g de pistaches vertes décortiquées
- 50 g de beurre
- 50 g de cassonade
- 4 bananes
- 4 c. à soupe de caramel laitier (type Salidou)

1. Préchauffez le four à 180 °C (therm. 6). Écrasez grossièrement les petits-beurre et les pistaches. Faites fondre le beurre. Mélangez-le dans un bol avec la cassonade, les petits-beurre et les pistaches. Mélangez 3 min avec les mains pour obtenir une pâte friable.
2. Étalez cette pâte sur une plaque de four recouverte de papier sulfurisé. Mettez-la à cuire 12 à 15 min. Sortez la pâte du four, laissez-la refroidir, puis cassez-la en morceaux.
3. Déposez les bananes entières avec leur peau dans un plat allant au four, recouvrez de papier d'aluminium. Mettez les bananes à cuire 10 à 15 min au four, la peau doit devenir noire.
4. Sortez les bananes, laissez-les légèrement refroidir. Déposez-les sur les assiettes, retirez délicatement la peau. Parsemez de morceaux de croquant de petits-beurre et pistaches et nappez de caramel laitier préalablement chauffé.

Macarons petits-beurre, chocolat et noix de pécan

POUR 15 MACARONS ENVIRON

PRÉPARATION : 1 h
CUISSON : 12 min

> 70 g de Véritable Petit Beurre LU®
> 90 g de sucre glace
> 3 blancs d'œufs
> 1 pincée de sel
> 50 g de sucre en poudre
> 30 g de noix de pécan
> 10 cl de crème liquide
> 100 g de chocolat noir

1. Mixez les petits-beurre et le sucre glace pour obtenir une poudre très fine. Montez les blancs d'œufs en neige avec 1 pincée de sel. Incorporez la moitié du sucre en poudre. Continuez de battre 2 min, puis ajoutez le reste du sucre. Incorporez dans les blancs la poudre biscuits-sucre.
2. Formez les macarons à l'aide d'une poche à douille sur une plaque recouverte de papier sulfurisé. Laissez-les « croûter » 30 min à l'air libre. Préchauffez le four à 140 °C (therm. 4-5). Faites cuire les macarons 5 ou 6 min, ouvrez légèrement la porte du four et continuez la cuisson 5 à 7 min. Sortez les macarons, laissez-les refroidir, puis décollez-les délicatement.
3. Réduisez les noix de pécan en poudre. Faites bouillir la crème dans une casserole. Hors du feu, ajoutez le chocolat. Mélangez et ajoutez les noix de pécan, laissez refroidir.
4. Déposez une noix de ganache sur la moitié des macarons. Collez le reste des macarons dessus, puis conservez au frais.

Barres chocolatées aux mendiants petits-beurre

POUR 4 À 6 PERSONNES

PRÉPARATION : 25 min
RÉFRIGÉRATION : 6 h

- > 150 g de chocolat
- > 15 cl de crème liquide
- > 90 g de mélange de fruits secs et de raisins secs moelleux
- > 16 Véritable Petit Beurre LU®

1. Hachez le chocolat avec un gros couteau. Faites bouillir la crème dans une casserole. Éteignez le feu, ajoutez le chocolat dans la crème, mélangez pour lisser la ganache, laissez refroidir.

2. Hachez grossièrement les fruits secs et concassez 8 petits-beurre. Déposez du papier sulfurisé sur une plaque, placez dessus un cadre de pâtissier en Inox de 20 x 20 cm. Tapissez le fond du cadre avec le reste des petits-beurre.

3. Mélangez les petits-beurre concassés dans la ganache, versez le tout dans le cadre. Répartissez les fruits secs et les raisins secs sur le dessus, en les enfonçant légèrement. Mettez au frais pendant 6 h.

4. Passez la lame d'un couteau chaud autour du cadre et retirez celui-ci délicatement. Coupez les barres chocolatées avec un couteau bien tranchant trempé dans de l'eau chaude.

Truffes au chocolat, cerises et petits-beurre

POUR 25 TRUFFES ENVIRON

PRÉPARATION : 30 min
CUISSON : 2 min
RÉFRIGÉRATION : 3 h

> 200 g de chocolat noir
> 20 cl de crème liquide
> 25 cerises amarena
> 80 g de Véritable Petit Beurre LU®

1. Hachez le chocolat à l'aide d'un gros couteau. Faites bouillir la crème dans une casserole. Éteignez le feu, ajoutez le chocolat en mélangeant au fouet pendant 3 min. Laissez tiédir, puis fouettez de nouveau pendant 5 min. Placez la ganache au frais 15 min, puis fouettez encore 5 min. Recommencez l'opération une fois, jusqu'à ce que la ganache durcisse légèrement.
2. Formez des truffes à l'aide d'une poche à douille, sur une plaque recouverte de papier sulfurisé. Enfoncez délicatement une cerise dans chaque truffe. Placez les truffes 3 h au frais.
3. Pendant ce temps, réduisez les petits-beurre en poudre fine.
4. Sortez les truffes durcies, puis roulez-les une à une dans la chapelure de petits-beurre. Roulez-les dans vos mains pour bien faire pénétrer la chapelure. Plantez une pique dans chaque truffe. Conservez au frais.

Biscuits moelleux aux spéculoos, lait concentré et figues

POUR 12 BISCUITS ENVIRON

PRÉPARATION : 20 min
REPOS : 3 h
CUISSON : 15 min

> 90 g de beurre + 20 g pour les moules
> 80 g de spéculoos Bastogne®
> 60 g de cassonade
> 50 g de farine
> 80 g de lait concentré sucré
> 3 blancs d'œufs
> 4 petites figues sèches moelleuses

1. Faites chauffer le beurre dans une casserole jusqu'à ce qu'il devienne noisette. Laissez-le refroidir.
2. Réduisez les spéculoos en poudre. Mettez celle-ci dans un récipient avec la cassonade, la farine et le lait concentré. Ajoutez les blancs d'œufs un à un, puis le beurre noisette refroidi et les figues coupées en petits morceaux. Laissez reposer la pâte 3 h au frais.
3. Préchauffez le four à 180 °C (therm. 6).
4. Beurrez 12 moules à financier ou à muffin. Remplissez aux trois quarts les moules de pâte. Mettez les gâteaux à cuire 15 min au four.
5. Sortez les gâteaux du four, laissez-les tiédir avant de les démouler et de les déguster.

Tarte sablée aux spéculoos et fraises

POUR 4 À 6 PERSONNES

PRÉPARATION : 40 min
REPOS : 2 h
CUISSON : 25 min

Pour la pâte à tarte :
> 100 g de spéculoos Bastogne®
> 75 g de beurre mou + 20 g pour le moule
> 75 g de sucre en poudre
> 60 g de farine
> 1 œuf + 1 jaune

Pour la garniture :
> 80 g de beurre mou
> 2 c. à soupe de farine
> 60 g de cassonade
> 100 g de spéculoos Bastogne®
> 250 g de fraises

1. Préparez la pâte : réduisez les spéculoos en poudre dans un robot. Mélangez-les avec le beurre mou, le sucre, la farine, l'œuf entier et le jaune. Laissez reposer la pâte pendant 1 h au frais.
2. Pendant ce temps, préparez la garniture : mélangez le beurre, la farine, la cassonade et les spéculoos écrasés.
3. Sortez la pâte du réfrigérateur, étalez-la et déposez-la dans un moule à tarte beurré. Remettez le moule avec la pâte 1 h au frais.
4. Préchauffez le four à 200 °C (therm. 6-7). Mettez le fond de tarte à cuire à blanc pendant 10 min. Sortez-le, puis émiettez la garniture au centre et remettez à cuire 15 min.
5. Lavez, équeutez et coupez les fraises en morceaux. Sortez la tarte, laissez la reposer 5 min, puis répartissez les fraises par-dessus. Laissez refroidir et dégustez.

Crumble de poires, réglisse et spéculoos

POUR 4 PERSONNES

PRÉPARATION : 30 min
CUISSON : 25 min

> 4 poires
> 80 g de beurre
> 25 g de sucre en poudre
> 8 cachous à la réglisse
> 8 spéculoos Bastogne®
> 60 g de cassonade
> 60 g de farine

1. Épluchez, épépinez et coupez les poires en gros morceaux. Faites fondre 20 g de beurre dans une poêle. Mettez les poires à cuire 3 ou 4 min sur feu vif. Ajoutez le sucre en poudre et les cachous. Faites cuire et caraméliser encore 3 min. Laissez refroidir.
2. Préchauffez le four à 200 °C (therm. 6-7). Écrasez grossièrement les spéculoos. Mélangez le reste du beurre mou dans un récipient avec la cassonade, la farine et les spéculoos écrasés.
3. Répartissez les poires dans 4 ramequins individuels. Émiettez la préparation par-dessus. Mettez les crumbles à cuire 20 min au four.
4. Sortez les crumbles du four, servez aussitôt.

POUR SERVIR : Accompagnez ce crumble d'une boule de glace au pain d'épices ou à la vanille.

Tiramisus aux spéculoos et au caramel laitier

POUR 4 PERSONNES

PRÉPARATION : 30 min
RÉFRIGÉRATION : 6 h

> 8 spéculoos Bastogne®
> 3 œufs
> 120 g de sucre en poudre
> 300 g de mascarpone
> le jus de 1 citron jaune
> 150 g de caramel laitier en pot (type Salidou)

1. Écrasez grossièrement les spéculoos. Séparez les blancs des jaunes d'œufs. Mélangez les jaunes d'œufs dans un récipient avec le sucre, jusqu'à ce qu'ils blanchissent. Dans un autre récipient, fouettez le mascarpone avec le jus de citron. Mélangez les deux préparations.
2. Montez les blancs d'œufs en neige bien ferme, incorporez-les délicatement dans la préparation.
3. Chauffez légèrement le caramel laitier au micro-ondes pour le rendre un peu liquide. Répartissez la moitié du caramel et des spéculoos dans le fond de quatre verres. Versez la moitié de la préparation.
4. Recommencez l'opération en gardant un peu de caramel et de poudre de spéculoos pour décorer le dessus des tiramisus.
5. Placez les tiramisus pendant 6 h au frais avant de les déguster.

Clafoutis aux spéculoos et aux pommes

POUR 4 PERSONNES

PRÉPARATION : 20 min
CUISSON : 30 min

> 2 grosses pommes goldens
> 6 spéculoos Bastogne®
> 1 c. à soupe de rhum brun
> 2 œufs
> 120 g de sucre en poudre
> 40 g de farine
> 35 cl de lait
> 30 g de beurre fondu

1. Préchauffez le four à 180 °C (therm. 6). Épluchez et coupez les pommes en cubes. Mettez les spéculoos dans un sac congélation, réduisez-les en poudre en les écrasant avec un rouleau.
2. Mélangez les cubes de pomme, la poudre de spéculoos et le rhum dans un récipient.
3. Dans un autre récipient, battez les œufs entiers avec le sucre. Ajoutez la farine, mélangez, puis versez le lait et 20 g de beurre fondu.
4. Avec le reste du beurre, beurrez 4 ramequins individuels ou un grand plat. Répartissez les pommes enrobées de poudre de spéculoos dans le fond. Versez la préparation par-dessus.
5. Mettez les mini-clafoutis à cuire 25 à 30 min (pour un grand clafoutis, ajoutez 8 à 10 min). Sortez les mini-clafoutis du four, laissez-les refroidir avant de les déguster.

Petits gâteaux fondants aux spéculoos, café et caramel

POUR 4 PERSONNES

PRÉPARATION : 30 min
CUISSON : 15 min

> 4 spéculoos Bastogne®
> 2 c. à soupe de caramel laitier (type Salidou)
> 100 g de crème fraîche épaisse
> 2 c. à soupe d'extrait de café
> 120 g de beurre mou + 20 g pour les moules
> 140 g de cassonade
> 2 œufs
> 120 g de farine

1. Préchauffez le four à 180 °C (therm. 6). Mettez les spéculoos dans un sac congélation, réduisez-les en poudre en les écrasant avec un rouleau. Mélangez le caramel dans un bol avec la poudre de spéculoos.

2. Faites tiédir la crème dans une casserole avec l'extrait de café. Dans un récipient, mélangez le beurre mou avec la cassonade. Ajoutez les œufs, puis la farine et la crème au café, et mélangez bien.

3. Beurrez 4 grands moules individuels ou 8 petits. Remplissez-les aux trois quarts avec la préparation. Répartissez la pâte de spéculoos et caramel au centre de chaque moule en l'enfonçant légèrement.

4. Mettez les petits gâteaux à cuire 15 min au four. Sortez-les du four, laissez-les tiédir avant de les démouler et de les déguster.

Carrot cake aux spéculoos

POUR 4 PERSONNES

PRÉPARATION : 30 min
CUISSON : 40 min

> 300 g de carottes épluchées
> 6 spéculoos Bastogne®
> 3 œufs
> 160 g de cassonade
> 80 g de farine
> 1 sachet de levure chimique
> 1 pincée de sel
> 20 g de beurre pour le moule

1. Préchauffez le four à 180 °C (therm. 6). Râpez les carottes. Mettez les spéculoos dans un sac congélation, réduisez-les en poudre en les écrasant avec un rouleau.
2. Séparez les blancs des jaunes d'œufs. Mélangez les jaunes d'œufs dans un récipient avec la cassonade. Ajoutez la farine et la levure, puis mélangez. Ajoutez les carottes râpées et les spéculoos en poudre, mélangez de nouveau.
3. Montez les blancs d'œufs en neige bien ferme avec 1 pincée de sel. Incorporez-les délicatement dans la préparation.
4. Versez la pâte dans un moule à cake beurré, lissez la surface. Mettez le gâteau à cuire 40 min au four.
5. Vérifiez la cuisson en enfonçant la lame d'un couteau dans le gâteau. Sortez le gâteau du four et laissez-le refroidir.

POUR SERVIR : Proposez ce carrot cake avec un thé.

Panna cotta à la cannelle en croûte de spéculoos

POUR 4 PERSONNES

PRÉPARATION : 20 min
RÉFRIGÉRATION : 6 h

> 2 feuilles de gélatine
> 70 cl de crème liquide
> 110 g de sucre en poudre
> 1 petit bâton de cannelle
> 8 spéculoos Bastogne®

1. Faites tremper les feuilles de gélatine dans un bol d'eau froide. Dans une casserole, mélangez la crème avec le sucre. Ajoutez le bâton de cannelle, portez à ébullition 1 min. Éteignez le feu, ajoutez la gélatine égouttée, puis mélangez et laissez refroidir dans la casserole.
2. Retirez le bâton de cannelle, versez la préparation dans 4 ramequins ou des coupelles. Placez au moins pendant 6 h au frais pour faire prendre la crème.
3. Écrasez les spéculoos pour les réduire en poudre.
4. Au moment de servir, démoulez doucement les panna cotta en trempant le fond des ramequins dans de l'eau chaude.
5. Mettez la chapelure de spéculoos dans une assiette puis passez les panna cotta délicatement dedans. Servez aussitôt.

Crème catalane aux spéculoos

POUR 4 PERSONNES

PRÉPARATION : 10 min
CUISSON : 3 min
RÉFRIGÉRATION : 2 h

> 1/2 l de lait
> 4 jaunes d'œufs
> 70 g de sucre en poudre
> 1 c. à soupe de fécule
> 8 spéculoos Bastogne®
> 60 g de cassonade

1. Dans une casserole, mettez le lait à bouillir. Fouettez les jaunes d'œufs dans un récipient avec le sucre en poudre. Ajoutez la fécule, mélangez, puis versez le lait bouillant dessus. Reversez le tout dans la casserole, faites cuire pendant 2 ou 3 min sur feu moyen en remuant sans cesse avec un fouet.
2. Cassez les spéculoos en morceaux, répartissez-les au fond de 4 ramequins individuels. Versez la crème par-dessus, laissez refroidir. Placez les ramequins pendant au moins 2 h au frais.
3. Sortez les crèmes au moment de servir, saupoudrez le dessus de cassonade, puis caramélisez-les à l'aide d'un chalumeau de cuisine ou en les passant rapidement sous le gril du four.

Mini-soufflés aux spéculoos

POUR 4 PERSONNES

PRÉPARATION : 30 min
CUISSON : 25 min

> 20 g de beurre
> 130 g de sucre + 20 g pour les moules
> 35 cl de lait
> 3 œufs + 1 blanc
> 50 g de farine
> 6 spéculoos Bastogne®
> 1 pincée de sel
> 1 c. à soupe de sucre glace

1. Beurrez 4 moules à soufflé individuels et saupoudrez-les avec 20 g de sucre en poudre. Faites bouillir le lait dans une casserole. Séparez les blancs des jaunes d'œufs. Fouettez les jaunes avec 110 g de sucre jusqu'à ce qu'ils blanchissent. Ajoutez la farine, mélangez. Versez le lait bouillant dessus. Remettez le tout dans la casserole, faites cuire la crème 3 min sur feu moyen, en fouettant sans cesse. Versez la crème dans un récipient et laissez refroidir.
2. Préchauffez le four à 200 °C (therm. 6-7). Mettez les spéculoos dans un sac congélation, écrasez-les à l'aide d'un rouleau pour les réduire en poudre pas trop fine.
3. Montez les 4 blancs d'œufs en neige bien ferme avec 1 pincée de sel. Ajoutez 20 g de sucre en continuant de battre. Incorporez les blancs délicatement dans la crème.
4. Remplissez les moules aux trois quarts, lissez la surface. Mettez à cuire 20 min au four sans ouvrir la porte. Sortez les soufflés, saupoudrez-les de sucre glace, servez aussitôt.

Crèmes aux œufs caramélisées aux spéculoos

POUR 4 PERSONNES

PRÉPARATION : 30 min
CUISSON : 40 min
RÉFRIGÉRATION : 3 h

> 140 g de sucre en poudre
> 40 cl de lait
> 3 œufs
> 6 spéculoos Bastogne®

1. Faites cuire 60 g de sucre dans une casserole avec 2 cuillerées à soupe d'eau, pour obtenir un caramel. Trempez le fond de la casserole dans l'eau froide pour arrêter la cuisson, puis versez aussitôt le caramel dans 4 ramequins.
2. Préchauffez le four à 150 °C (therm. 5). Faites bouillir le lait dans une casserole. Battez les œufs dans un récipient avec le reste du sucre. Versez le lait bouillant dessus. Mélangez, puis ajoutez les spéculoos en morceaux. Laissez reposer 5 min, puis mixez le tout.
3. Déposez les ramequins dans un bain-marie. Versez la préparation dans les ramequins. Mettez les crèmes à cuire 35 à 40 min au four.
4. Vérifiez la cuisson des crèmes en enfonçant la pointe d'un couteau dedans, elle doit ressortir sèche. Sortez les crèmes du four, laissez-les refroidir, puis placez-les 3 h au frais.
5. Au moment de servir, passez la lame d'un couteau autour des crèmes, démoulez-les délicatement et dégustez.

Banoffee aux spéculoos

POUR 4 À 6 PERSONNES

PRÉPARATION : 40 min
RÉFRIGÉRATION : 4 h 30

- > 150 g de spéculoos Bastogne®
- > 90 g de beurre fondu
- > 15 cl de crème liquide entière
- > 40 g de sucre glace
- > 2 ou 3 bananes
- > 300 g de confiture de lait
- > 2 c. à soupe de cacao amer

1. Mettez les spéculoos dans un sac congélation, écrasez-les avec un rouleau pour les réduire en poudre. Mélangez-les dans un grand bol avec le beurre fondu.
2. Étalez la préparation dans un moule à fond amovible ou dans un cercle de pâtisserie en Inox de 20 cm de diamètre environ. Lissez la surface en tassant bien avec une cuillère. Placez le moule 30 min au frais pour faire durcir les biscuits.
3. Fouettez la crème en chantilly bien ferme avec le sucre glace. Épluchez et coupez les bananes en rondelles.
4. Sortez le biscuit, démoulez-le délicatement, déposez-le sur une assiette. Étalez la confiture de lait dessus. Répartissez les rondelles de banane sur la confiture puis couvrez de crème fouettée. Placez le banoffee 4 h au frais.
5. Au moment de servir, saupoudrez de cacao amer.

Pommes rôties aux spéculoos

POUR 4 PERSONNES

PRÉPARATION : 20 min
CUISSON : 30 min

- > 8 spéculoos Bastogne®
- > 75 g de beurre mou
- > 70 g de cassonade
- > 70 g de farine
- > 4 pommes rouges
- > 10 cl de sirop d'érable
- > 10 cl de bière

1. Préchauffez le four à 180 °C (therm. 6). Écrasez grossièrement les spéculoos. Mélangez-les dans un récipient avec le beurre mou, la cassonade et la farine pour obtenir une pâte légèrement sableuse.
2. Lavez et coupez les pommes en deux, à l'horizontale. Retirez délicatement le cœur des fruits. Répartissez la pâte à crumble sur les 8 demi-pommes.
3. Déposez les demi-pommes dans un plat à four. Arrosez-les avec le sirop d'érable, versez la bière dans le fond du plat. Mettez les pommes à cuire 25 à 30 min en faisant attention à ce qu'elles n'éclatent pas à la cuisson.
4. Sortez les pommes, laissez-les reposer 5 min.

POUR SERVIR : Dégustez les pommes rôties avec une boule de glace à la vanille.

TABLE DES ÉQUIVALENCES FRANCE – CANADA

Poids	55 g	100 g	150 g	200 g	250 g	300 g	500 g	750 g	1 kg
	2 onces	3,5 onces	5 onces	7 onces	9 onces	11 onces	18 onces	27 onces	36 onces

Ces équivalences permettent de calculer le poids à quelques grammes près (en réalité, 1 once = 28 g).

Capacités	5 cl	10 cl	15 cl	20 cl	25 cl	50 cl	75 cl
	2 onces	3,5 onces	5 onces	7 onces	9 onces	17 onces	26 onces

Pour faciliter la mesure des capacités, une tasse équivaut ici à 25 cl (en réalité, 1 tasse = 8 onces = 23 cl).

Photogravure Turquoise, Émerainville
Imprimé en Italie par LEGO SPA, Vicenza
Dépôt légal : janvier 2013 – 310791/01 – 11021099 – novembre 2012